CW00430943

Étudier effic

**Méthodes d'apprentissage
et techniques de gestion du
tempspour bien étudier**

par Giuseppe Marino

Giuseppe Marino

Sommaire

Introduction 5

20 Conseils aux étudiants de première année 8

CONSEIL N°1 : SE FIXER DES PRIORITÉS 8

CONSEIL N°2 : FAIRE UNE LISTE DES CHOSES À FAIRE 9

CONSEIL N°3 : PLANIFIER SES JOURNÉES 13

CONSEIL N°4 : RENONCER À CERTAINES CHOSES 15

CONSEIL N°5 : ESSAYER DE CONCILIER UN JOB À MI-TEMPS

ET LES ÉTUDES 17

CONSEIL N°6 : CONCILIER LA VIE SOCIALE ET LES ÉTUDES ..22

CONSEIL N°7 : ALLER EN COURS 28

CONSEIL N°8 : FAIRE UN RÉSUMÉ DES COURS.................30

CONSEIL N°9 : GÉRER SON TEMPS LORS DES EXAMENS.....31

CONSEIL N°10 : QUOI FAIRE LORSQUE ON N'ARRIVE PLUS À

AVANCER..34

CONSEIL N°11 : PRENDRE DES PAUSES 35

CONSEIL N°12 : SE DONNER UNE 36

RÉCOMPENSE 36

CONSEIL N°13 : ÉVITER LES..37

DISTRACTIONS 37

CONSEIL N°14 : MIEUX ORGANISER SON BUREAU 44

CONSEIL N°15 : DÉCOUVRIR SA PROPRE FAÇON DE MIEUX

APPRENDRE..48

CONSEIL N°16 : LES FICHES (MÉTHODE VISUELLE, AUDITIVE

ET 51

COMMUNICATIVE)..51

CONSEIL N°17 : DÉVELOPPER UNE CONNAISSANCE VISUELLE

(MÉTHODE VISUELLE ET KINESTHÉSIQUE)......................53

CONSEIL N°18 : PRÊTER L'OREILLE (MÉTHODE AUDITIVE) .54

CONSEIL N°19 : LE TRAVAIL DE GROUPE (MÉTHODE

VISUELLE, AUDITIVE, ...55

COMMUNICATIVE ET PARFOIS 55

KINESTHÉSIQUE) 55

CONSEIL N°20 : LES EXPÉDIENTS MNÉMONIQUES 57

Conclusion *62*

Mentions légales *75*

Introduction

L'université a commencé et avec elle, une des périodes les plus particulières de votre vie. Ici vous apprendrez à connaître ces gens qui ont des intérêts en commun avec vous. Ici naîtrons des amitiés qui, si possible, resterons avec vous pour toujours. Pendant cette période vous participerez sans doute aux plus belles fêtes de votre vie et rencontrerez votre premier ou deuxième grand amour. Une saison de sensations et d'expériences totalement nouvelles s'ouvre à vous.

En effet, il ne faut pas s'étonner si de nombreux jeunes se laissent emporter par ce genre d'expériences, en finissant par perdre de vue la raison principale pour laquelle ils ont décidé de s'inscrire à l'université, c'est-à-dire d'apprendre.

Cela peut paraître un refrain petit-bourgeois, mais finalement vous étudiez pour apprendre des choses qui vous permettront d'exercer une profession. Évidemment, cela ne se produit pas lorsque vous pensez uniquement à faire la fête et à négliger les études.

Mais en fin de comptes, il n'est pas si difficile de trouver un moyen pour harmoniser votre vie universitaire, étudier pour les examens et être également heureux pour bien d'autres raisons, en vous consacrant aux études d'un côté, et à ce qui vous entoure de l'autre. « C'est plus facile à dire qu'à faire », dites-vous ? D'accord. Afin de vous démontrer que tout cela n'est pas de la simple rhétorique, voici quelques conseils et astuces qui demandent très peu d'effort, mais qui vous donneront des résultats extraordinaires dans votre façon d'apprendre.

Je vous souhaite une bonne lecture !

20 Conseils aux étudiants
de première année

Conseil n°1 : Se fixer des priorités

On oublie parfois de fixer ses propres priorités. Souvent une sieste après le déjeuner est beaucoup plus alléchante que de se plonger dans les livres.

Tout comme jouer à la Playstation ou à l'ordinateur, ou passer ses après-midis en regardant des séries. Tout cela semble décidément plus agréable qu'étudier.

Malheureusement, cela ne fait certainement pas du bien à votre parcours universitaire.

Peut-être estimez-vous que votre appartement nécessite urgemment d'un bon ménage au moment où un PowerPoint vous attend et qui doit être prêt pour le lendemain. Innombrables sont les activités que les étudiants préfèrent prioriser au lieu d'étudier. Ces conseils vous aideront à éviter que cela se produise.

Conseil n°2 : Faire une liste des choses à faire

Cela peut paraître banal mais le fait de noter les choses à faire est vraiment utile. De cette manière vous pourrez vous focaliser clairement sur tout ce qu'il faut finaliser (et finir de regarder une série n'en fait pas partie).

Maintenant réfléchissez aux tâches à finaliser urgemment. Écrivez la lettre « A » en dessous de ces tâches ou soulignez-les en rouge à l'aide d'un marqueur. Uniquement deux tâches importantes peuvent avoir un A.

Les tâches que vous pouvez finaliser par la suite, mais que vous ne pouvez pas négliger, sont à marquer par la lettre B ou par une tonalité de couleur moins vive. Encore une fois, il ne peut pas y en avoir plus que deux. Quant aux autres tâches, elles seront marquées par un C ou D. N'abusez pas avec les lettres ou les catégories, ou vous risquerez de vous embrouiller.

Grâce à cette méthode vous verrez immédiatement que l'exposé à préparer pour le lendemain a eu un A, alors que le nettoyage de l'appartement a eu un C.

Maintenant réécrivez les tâches par séquence selon leur importance. Les plus urgentes seront évidemment placées en haut.

Transcrire les tâches dans sa liste

Quoi ? Peut-on vraiment se tromper en écrivant une liste des choses à faire ? Pas entièrement, mais il existe une méthode pour la faire qui pourra vous motiver à finaliser vos tâches.

Une fois établie la liste séquentielle, vous pourrez créer des sous-catégories sous chaque point.

Dans le cas d'un exposé, par exemple :

- Faites des recherches

- Rangez vos notes
- Dessinez un diagramme
- Rangez visuellement les diaporamas
- Ajoutez le contenu dans les diaporamas

- Réduisez le contenu à l'essentiel
- Entraînez-vous en répétant l'exposé

De cette manière vous réussirez plus rapidement à finaliser le travail, au lieu d'essayer de compléter l'exposé dans son ensemble. Vous saurez comment procéder et quoi faire à l'aide de la feuille sous vos yeux. Chaque fois que vous supprimerez une étape, votre motivation augmentera de plus en plus.

Conseil n°3 : Planifier ses journées

Organiser ses journées d'étude n'est pas vraiment facile. En effet, cela n'arrive pas tous les jours d'avoir le même nombre de cours qui commencent et qui finissent à la même heure. Cependant, vous devez essayer de planifier votre routine quotidienne, car cela vous aidera également à mieux gérer votre temps.

Si les cours commencent à midi, cela ne signifie pas forcément que vous devrez dormir jusqu'à 11h. Il faut établir une heure fixe à laquelle vous vous levez, par exemple à 8h ou à 9h. Ainsi, avant que les cours commencent, vous aurez suffisamment de temps pour finaliser d'autres tâches. Si vous vous levez à 11h, vous aurez perdu de 3 à 4 heures pendant lesquelles vous auriez pu être productif. Vous auriez pu faire les courses, le ménage, réviser et bien d'autres encore.

En plus, vous réussiriez aussi à avoir un cycle de sommeil régulier. En vous levant chaque jour à 8h ou à 9h, chaque soir vous vous sentirez fatigué environ à la même heure et vous n'aurez plus de problèmes à vous endormir. Mais ce qui compte vraiment, c'est qu'en suivant cette méthode vous pourrez vivre vos journées de manière plus efficace et avoir moins d'heures d'improductivité. Cela s'avérera particulièrement utile lors des périodes d'examens, où le temps semble s'écouler plus rapidement.

Conseil n°4 : Renoncer à certaines choses

Ce n'est pas facile mais c'est nécessaire pour compléter les tâches de sa liste : renoncer à certaines choses.

Il existe de nombreuses activités que vous aimez faire mais qui vous prennent beaucoup de temps. Dans cette catégorie figurent batifoler avec vos meilleurs amis, faire un marathon épisodes d'une série, participer aux fêtes étudiantes pendant la semaine.

Vous ne devez pas renoncer entièrement à tout cela, c'est évident. Cela serait absurde et signifierait ne pas vivre agréablement une des plus belles périodes de la vie.

Mais est-il vraiment nécessaire d'aller faire la fête quelque part chaque jeudi soir, ce qui empêche de se réveiller le lendemain et peut-être d'aller en cours ? Est-il vraiment nécessaire d'aller faire du shopping avec vos meilleures amies, alors que beaucoup d'autres choses bien plus importantes vous attendent ?

Savoir renoncer à quelque chose et fixer correctement ses priorités sont deux activités étroitement interconnectées. Réfléchissez bien s'il vaut la peine de faire quelque chose et dans quelle mesure cela aura une influence sur vos plans.

Si votre meilleur ami organise une fête pour son anniversaire un mercredi soir, vous y irez, bien entendu. Mais s'il s'agit d'une fête qui a lieu toutes les semaines ? Réfléchissez bien. Vous pouvez toujours vous amuser le weekend.

Il faut être conscient du fait que, malheureusement, la vie n'est pas uniquement faite de plaisirs et de divertissements. Mais en même temps, vous saurez mieux apprécier ces aspects de la vie lorsque vous aurez accompli votre devoir.

Conseil n°5 : Essayer de concilier un job à mi-temps et les études

Tous les parents n'ont pas autant d'argent pour financer entièrement le parcours universitaire de leurs enfants. Le loyer, les courses, les biens de consommation et bien d'autres encore, tout cela est à payer d'une manière ou d'une autre. Et si l'apport des parents ou de la bourse ne suffit pas, il faudra donc chercher un job étudiant à mi-temps.

Le choix du bon job étudiant à mi-temps

En choisissant un job étudiant, le critère fondamental à prendre en compte est la flexibilité. Lors de cette recherche, discutez-en avec votre potentiel employeur et vérifiez dans quelle mesure il est possible de modifier les horaires de travail, afin de réduire votre présence lors des périodes d'examens les plus intenses.

C'est surement admirable lorsqu'on décide de gagner de l'argent pour s'entretenir pendant cette phase de la vie, mais n'oubliez pas que vos études universitaires occupent toujours la première place.

Si vous commenciez à sacrifier trop de temps pour ce job, en vous absentant régulièrement des cours, cela signifierait que ces deux choses ne sont pas compatibles.

Ne commencez pas un job aux horaires contraignants et qui ne vous permet pas de décider librement selon vos exigences.

Travailler et étudier tous les jours

Recherchez donc un job qui ne vous oblige pas à mettre de côté vos cours universitaires. Au cas où vous trouveriez un emploi de nuit, dans le service client par exemple, assurez-vous que cela ne nuise pas à votre repos.

En même temps, veillez à ne pas vous faire exploiter. Même si vous exercez un métier qui vous plaît, n'oubliez pas qu'il ne faut pas se sous-estimer.

Convenez avec votre employeur de pouvoir vous absenter lorsque vous avez des examens à passer et de rattraper les heures par la suite. Pendant les vacances scolaires, par exemple, lorsque vous aurez plus de temps à disposition.

Dans tous les cas, gardez toujours à l'esprit que votre job à mi-temps n'est pas forcément censé vous satisfaire à 100%. Cela peut vous arriver de ne pas aimer un poste, il s'agit d'un emploi alimentaire et non pas de la profession de votre vie.

Évidemment vous ne devriez pas non plus être dans la souffrance, car votre but est de vous entretenir financièrement et non pas de faire carrière.

Essayer de concilier les études et le travail

Afin d'éviter un conflit entre les études et le travail, il est important de réussir à organiser sa semaine et de suivre sa liste des choses à faire. Comme nous l'avons vu dans le chapitre précédent, cela implique de se lever à la même heure et avoir tous les jours le même nombre d'heures à disposition.

Organisez toujours au maximum vos journées où la moitié du temps est consacré au travail et planifiez les semaines à venir.

Avez-vous des délais urgents ou des journées à consacrer entièrement à l'université ? Quels sont les jours où vous n'êtes pas occupé et pouvez aller travailler ?

Ainsi, vous réussirez à concilier vos études avec votre job. Si vous procédez sans planifier, il n'y aura pas de place pour les deux. Vous serez souvent obligé de ne pas pouvoir travailler et vos performances universitaires en souffriront également.

Conseil n°6 : Concilier la vie sociale et les études

Vous pourriez vous retrouver pourvu de temps à consacrer à votre vie sociale. Si vous vous consacrez complètement au travail, en négligeant ainsi les belles choses de la vie, vous finirez par vivre avec ce remords. Vous vous sentirez épuisé et sans forces, quasiment privé de la vie sociale.

C'est pourquoi il est important de trouver le moyen pour fréquenter régulièrement vos amis, votre famille et votre partenaire, de cultiver ses passions et, en même temps, de ne pas négliger l'université.

La famille et les études

Si vous vivez toujours chez vos parents, le problème ne se pose pas. Vous verrez votre famille tous les jours et vous parlerez comme d'habitude à vos parents ou à votre frère.

Au contraire, au cas où vous vous retrouviez à habiter à quelques heures de distance de chez eux, vous ne pourriez pas les voir si souvent.

Peut-être irez-vous leur rendre visite lors d'un anniversaire ou pendant vos congés. Il est important ici de réussir à déterminer à l'avance quand vous devriez retourner chez vous. Si c'est possible, optez toujours pour de longs weekends, comme c'est le cas pour Pâques ou pour Noël.

Assurez-vous également que votre famille ait au moins un jour libre à disposition pour que vous puissiez le passer tous ensemble. C'est plutôt frustrant si vos proches sont tous trop occupés ou qu'ils ont peu de temps pour vous, à votre retour.

Identifiez ces weekends où vous pouvez manger avec eux et peut-être faire d'autres activités ensemble.

Les amis et les études

Peut-être vous retrouverez-vous à partager l'expérience universitaire avec quelques amis, mais surement pas avec tous. Comme mentionné dans le paragraphe précédent, si vous ne vivez plus chez vos parents, essayez d'informer vos amis de votre retour en temps utile. Ainsi, vous pourrez déterminer les jours et les moments que vous pourrez passer entièrement ensemble.

Dans le meilleur des cas, vous voyez vos amis tous les jours dans votre cité universitaire, mais vous vous fréquentez également en dehors du Campus.

Se voir pour une bière ou un thé ne demande pas effectivement beaucoup de temps. Il ne faut pas forcément se préparer pour sortir car vous pouvez aussi vous voir chez vous.

Passer du temps en dehors de l'université est très important car vous pourrez ainsi aborder des sujets qui ne sont pas strictement liés à la vie étudiante de tous les jours.

Au cas où vous auriez des cours différents, choisissez un jour où vous pourrez vous voir toutes les semaines. Ainsi, cela n'arrivera que rarement qu'un de vos amis n'ait pas le temps de vous voir.

Organisez régulièrement des activités à faire ensemble pendant les weekends. Si vous avez un problème de spontanéité, n'oubliez pas que la clé, c'est de planifier à l'avance.

Les hobbys et les études

Vous ne devriez pas non plus négliger vos hobbys, car ils font partie de vous.

Si vous pratiquez un sport, cherchez un endroit en ville où pourvoir le faire. De cette manière vous pourrez aussi rencontrer de nouvelles personnes.

Vous aimez le jogging ? Sans doute vous trouverez quelqu'un à l'université à la recherche d'un partenaire de course à pied. Selon le sport que vous voulez pratiquer, vous pouvez tout simplement publier un post sur les réseaux sociaux comme Facebook pour trouver ce que vous cherchez.

Vous êtes une personne plutôt créative et vous jouez d'un instrument ? Cherchez des gens qui partagent la même passion et avec qui vous pourrez jouer. Vous préférez peindre dans un endroit tranquille ? Cela ne posera pas de problème non plus.

Peu importe quel hobby vous aimez bien. Toutes ces activités demandent un plus grand effort que rester assis sur le canapé en train de regarder des séries télé. Soyez honnête avec vous, qu'est-ce qui comble votre vie le plus ?

Essayez de vaincre régulièrement la paresse qui est en vous et choisissez un hobby qui vous éloigne de la télé.

S'y prendre à l'avance

Beaucoup d'étudiants commettent l'erreur de commencer à étudier uniquement lors de la période des examens. Il s'agit d'une mauvaise approche. Le mot magique à l'aide duquel il est possible d'apprendre efficacement et de réussir à bien suivre les cours s'appelle « résumer ».

Conseil n°7 : Aller en cours

Cela semble banal et évident, et pourtant ce ne l'est pas. Il faut aller régulièrement en cours. Malheureusement les justifications et les tentatives d'auto-persuasion telles que « les résumés me suffisent, pas besoin d'aller en cours » ne fonctionnent pas. En réalité, vous apprenez mieux le contenu d'un sujet lorsqu'il est expliqué par quelqu'un qui le maîtrise et qui peut vous apporter des explications supplémentaires.

En allant en cours, vous aurez aussi la possibilité de poser des questions, si le professeur le permet.

Il ne faut pas négliger les ateliers didactiques non plus. Ici vous pourrez faire vos devoirs tout en recevant de l'aide, au cas où vous ne comprendriez pas un passage particulièrement difficile.

Bénéficiez au maximum de l'offre éducative de votre université. Plus vous vous investissez durant le semestre, moins d'efforts vous aurez à faire pour apprendre pendant les périodes d'examens.

Conseil n°8 : Faire un résumé des cours

Allez régulièrement en cours et faites un résumé avant que la semaine se termine. C'est à vous de décider comment le faire. Toutefois il est recommandé de ne pas vouloir tout résumer en une seule fois. Autrement vous angoisserez à l'idée qu'un jour par semaine énormément chargé de travail vous attend. Divisez les parties à résumer, si possible en les étalant tout au cours de la semaine.

Vous pouvez écrire votre résumé à la main ou à l'ordinateur en l'enregistrant dans un fichier. Mais dans ce cas, il ne faut pas utiliser les fonctions « copier /

coller ». Cette tâche a une double fonction :

1. Vous revenez encore une fois sur le sujet. Qu'est-ce qui est vraiment important ? Peut-être avez-vous remarqué un point pendant le cours qui ne se trouve pas dans vos notes ? Il se peut que le professeur ait donné des informations à propos de l'examen. Toutes ces informations sont à ajouter dans votre résumé.

2. En réécrivant vous pourrez mieux comprendre le sujet. Il ne s'agit pas de mon opinion, c'est scientifiquement prouvé !

Conseil n°9 : Gérer son temps lors des examens

Dès que la période d'examens commence, il faut donner le meilleur de soi-même. Utilisez votre temps et planifiez-le rationnellement. Il est préférable de commencer à planifier 6 mois à l'avance à compter de votre premier examen, en décidant en quel moment et combien de temps étudier.

De cette manière vous aurez un premier aperçu des deadlines, de quel examen passer pour premier et de la charge de travail qui vous attend.

Dans ce cas-ci, vous pourrez encore une fois utiliser les catégories « A » pour les sujets les plus complexes et qui demandent plus d'attention, « B » pour ceux de difficulté moyenne et « C » pour les plus simples. Dans cette dernière catégorie il y en a toujours très peu mais cela peut arriver d'en avoir.

Ainsi, vous saurez quel sujet a la priorité. Si vous essayez d'étudier tout en même temps, vous risquerez de presque tout oublier. Il ne faudrait pas aborder plus de deux sujets par jour. Cela risque d'être un effort trop grand.

Étudier pour plus de 6 heures n'est pas profitable non plus. Si vous essayez de passer 10 heures par jour à étudier, vous finirez par perdre la motivation.

Planifiez votre temps de sorte que vous puissiez comprendre chaque partie du sujet. Réfléchissez aussi à combien de temps consacrer à l'étude de chaque chapitre. Certaines sections d'un texte peuvent être abordées avec un effort minimum, peut-être en les liant à d'autres chapitres pour un former un seul sur le même sujet.

Prévoyez de 2 à 3 jours pendant lesquels vous pourrez réviser entièrement le sujet, sans rien ajouter de nouveau.

Conseil n°10 : Quoi faire lorsque on n'arrive plus à avancer

Vous aurez des journées où vous n'arrivez plus à être productif, à avancer ou à comprendre quelque chose. Même si cela se produit, ne perdez pas votre motivation. Passez tout simplement à un autre sujet.

Souvent la nuit porte conseil. Lors du sommeil notre cerveau cherche des solutions et élabore ce qu'il vient d'apprendre. Il peut donc arriver que, le lendemain, ce sujet soit tout d'un coup compréhensible.

Conseil n°11 : Prendre des pauses

Lorsque vous préparez des examens, il ne faut pas leur consacrer tout votre temps. Prenez tranquillement une pause.

Étudiez 6 heures par jour en prenant une pause de 30-60 minutes toutes les 2 heures. Pendant ce temps, il ne faut pas rester assis comme quand vous étudiez mais il faut faire tout simplement quelque chose de différent.

Cuisinez, promenez-vous, pratiquez du sport, bougez un peu. En fin de journée, allez vous balader avec vos amis (il vaut mieux ne pas abuser avec l'alcool, vous risquez de ne pas réussir à étudier le lendemain), ou passez une soirée tranquille en famille.

Même prendre un jour de pause entier n'est pas si extraordinaire quand vous réussissez à gérer votre temps. Organisez une excursion, relaxez-vous ou passez la journée avec une personne qui n'a aucun examen en vue. Cela vous permettra de vous changer les idées, car parfois, quand on est sous pression pour un examen, on a la sensation de se faire aspirer. C'est de genre de journées off que vous aurez besoin.

Conseil n°12 : Se donner une récompense

Les récompenses ont aussi leur importance. Si vous gérez bien le temps et que vous accomplissez jour après jour ce que vous aviez planifié, il vous faudra alors vous donner une prime. Offrez-vous un cadeau, finissez d'étudier avant, commandez à manger chez votre restaurant préféré. Tapez-vous amicalement l'épaule et reconnaissez avec un peu de fierté que vos performances sont excellentes.

Ne soyez pas trop sévère avec vous-même. Vous ne pouvez pas donner le maximum tous les jours. Même si toutes les journées ne seront pas au top, les petites récompenses peuvent certainement aider.

Conseil n°13 : Éviter les distractions

Ceci est valable aussi bien en cours que lorsque vous étudiez chez vous ou à la bibliothèque. Les distractions vous attendent et attaquent votre concentration. Vos pensées sont constamment interrompues et vous n'arriverez jamais à vous focaliser sur l'essentiel. C'est pourquoi j'ai fait une liste des distractions principales qui atteignent les étudiants et des façons pour les éviter.

Le smartphone

Ce n'est pas un secret, aujourd'hui le portable est l'objet qui est par-dessus tout une cause de distraction. Lors des cours ce n'est pas si simple de résister à son appel. Beaucoup de camarades de cours le gardent à portée de main, ils l'utilisent avant le début du cours, posé sur leur banc et, parfois, ils y jouent tout le temps.

Même une vidéo marrante sur Facebook semble bien plus intéressante qu'écouter ce que le professeur dit.

Pour éviter de céder à la tentation, tout d'abord il ne faut pas laisser votre portable dans un endroit où vous pouvez facilement le rejoindre, comme sur votre bureau ou dans la poche de votre manteau.

Il est préférable de le ranger dans un compartiment intérieur de votre sac, encore mieux s'il présente une fermeture-éclair. Ainsi, vous serez obligé d'ouvrir votre sac pour prendre votre portable, de fouiller à l'intérieur et d'ouvrir une fermeture-éclair. Est-ce vraiment nécessaire ? Ne serait-il pas mieux de suivre le cours ?

Chez vous ou à la bibliothèque, agissez de la même façon. Laissez votre portable dans votre sac quand vous entrez dans la bibliothèque. À la maison, rangez-le dans un tiroir, loin de l'endroit où vous travaillez, de préférence dans une autre chambre.

Peu importe quels sont les réglages de votre portable, mais généralement il faudrait qu'il soit en silencieux et qu'il évite de vibrer à chaque notification reçue.

Les amis

Il peut arriver d'aller en cours avec des amis ou d'être entouré par des camarades un peu bruyants. Dans tous kes cas, ces fréquentations peuvent nuire à la concentration, c'est pourquoi il vaut mieux les éviter pendant les cours.

Si vous vous retrouvez à côté d'un ami qui n'arrête pas de bavarder ou qui vous déconcentre continuellement, faites-lui comprendre que vous voulez simplement suivre le cours. N'ayez pas peur qu'il puisse mal interpréter. Dites-lui que ce n'est rien de personnel mais que vous souhaitez réussir l'examen au maximum et que vous avez donc besoin de bien comprendre le sujet. Cherchez dès le début une place où vous n'avez affaire avec personne.

Normalement les premières files sont l'endroit idéal où suivre sans être dérangé. Dans tous les cas, vous réussirez à mieux voir les diaporamas et le tableau, et à suivre le professeur avec plus d'attention, au cas où il n'y aurait pas de microphone.

Le bruit sera plus fort et les distractions plus nombreuses d'autant plus que vous serez assis derrière. Vous serez facilement la proie du vacarme et vous aurez du mal à rester concentrer.

Se sentir bien

Aussi bien la faim que le froid sont deux grandes sources de distraction. Dans le premier cas, vous serez uniquement focalisé sur le trou dans votre estomac et comment le remplir. Dans le deuxième, vous serez tellement pris par la sensation de froid que vous n'arriverez pas à suivre attentivement.

Pour éviter cela, allez toujours en cours repu et ne commencez pas à étudier chez vous sans avoir mangé avant.

Mangez quelque chose avant et ramenez un casse-croûte avec vous en cours, comme par exemple une banane. Poser des mûres ou des noix sur votre bureau ira également.

Quand vous avez faim ou que vous avez peu mangé, votre cerveau travaille avec moins d'énergie, ce qui rend plus difficile la compréhension du contenu des cours.

Afin de ne pas geler, portez des vêtements chauds, car souvent le chauffage n'assure pas une chaleur suffisante dans les grandes salles.

Chez vous, réglez le chauffage à une température agréable ou étudiez en posant une couette chaude sur vos jambes.

Le laptop

Évidemment, votre ordinateur est nécessaire pour étudier. Mais en tout cas, lorsque vous terminez une recherche, il est conseillé de se déconnecter d'internet.

Parfois il arrive d'ouvrir par habitude le navigateur sans s'en apercevoir.

Quand vous pensez soudainement à acheter quelque chose dont vous avez besoin, souvenez-vous que vous pouvez le faire plus tard.

Internet peut être une véritable aide mais il ne devrait pas être accessible lorsque vous faites un résumé ou d'autres devoirs.

Conseil n°14 : Mieux organiser son bureau

Ranger l'endroit où vous étudiez ne signifie pas le rendre plus joli ou le décorer. Au contraire, chaque détail que vous ajouterez sur votre bureau se retournera contre vous et sera une source de distraction.

Veillez donc à poser sur votre bureau et dans l'endroit où vous travaillez uniquement les objets dont vous avez réellement besoin. Parmi eux, il y a sans aucun doute votre laptop et les accessoires de papeterie tels qu'un crayon, un taille-crayon, une gomme, une règle, des feuilles, une lampe de bureau et un porte-documents. Tout ce qui ne concerne pas l'étude est du simple ornement.

En général, l'endroit où vous étudiez ne devrait pas être rempli d'images ou de cartes postales. Il s'agit évidemment de beaux souvenirs, mais ils peuvent vous déconcentrer rapidement. Il suffit un simple coup d'œil à une photo pour vous déconcentrer et perdre le fil.

Autour de vous il ne doit y avoir rien d'autre qui ne soit pas d'aide à votre tâche.

Il faut bien évaluer chaque chose. La cuisine pourrait vous offrir un grand bureau mais, si vous n'habitez pas seul, il s'agit d'un espace commun. Vos colocataires entreront et sortiront continuellement, et feront du bruit. Cela finira évidemment par vous déconcentrer.

Il faut chercher un endroit tranquille où travailler.

C'est pourquoi beaucoup d'étudiants préfèrent étudier dans la bibliothèque. C'est un endroit silencieux et vous trouverez rarement des objets qui pourraient vous déconcentrer.

Bien ranger son bureau

Même les meilleurs endroits où étudier ne seront pas d'aide lorsque tout est mal rangé. Le fait d'avoir sur son bureau les documents de l'examen de sociologie mélangés à ceux de l'examen de psychologie n'est pas le meilleur choix.

Rangez vos documents dans un classeur selon leur contenu, sans oublier de ranger votre bureau à la fin de chaque session d'étude.

Vous avez terminé d'étudier psychologie ? Rangez tout ce qui y est lié, avant de passer à la sociologie.

Ainsi, vous enverrez un signal à votre cerveau en lui disant que le sujet à aborder maintenant est différent du précédent.

Conseil n°15 : Découvrir sa propre façon de mieux apprendre

Tout le monde n'étudie pas de la même manière. Peut-être votre meilleur ami réussit-il à apprendre mieux que vous en se servant d'une autre méthode.

Regardez autour de vous et essayez d'apprendre des autres leur méthode d'étude. N'excluez rien.

Le plus important est de réussir à découvrir votre façon de mieux apprendre une nouvelle information. Voici donc quatre méthodes d'apprentissage pour vous.

La visualisation

La façon la plus rapide pour apprendre est à travers la vue. Même quand vous lisez un texte, vous donnez un coup d'œil à une image ou vous regardez comment faire quelque chose.

L'acquisition des connaissances se fait premièrement à travers nos yeux.

L'écoute

Vous arrivez à mieux saisir le contenu d'un sujet en l'écoutant. C'est pourquoi il est important d'aller en cours et aux séminaires, car ils nous aident à mieux comprendre le sujet. Quand vous lisez, essayez de bouger légèrement vos lèvres ou faites-le à voix haute.

La communication verbale

Il n'y a rien de meilleur que les débats et les discussions. Lorsque vous débattez avec une personne sur un sujet, celui-ci sera plus clair dans votre tête.

Le fait d'étudier avec d'autres personnes peut également vous aider de manière significative.

Le mouvement

Les preuves et les expériences sont de bonnes méthodes pour s'améliorer. Quand vous avez testé vous-même le contenu d'un cours, ce qui sera dit vous semblera familier et vous pourrez le garder à l'esprit plus facilement.

Maintenant un fait surprenant : personne n'apprend en utilisant uniquement une seule méthode. Certains en privilégient une ou deux, mais les êtres humains utilisent les quatre. À vous de découvrir quelle est la meilleure méthode pour vous. Dans les prochains conseils je vous montrerai différentes méthodes d'apprentissage qui pourront vous être utiles. Faites plusieurs tentatives pour découvrir quelle méthode vous convient le plus.

Conseil n°16 : Les fiches (méthode visuelle, auditive et communicative)

Les fiches didactiques peuvent avoir différents usages. Pour ceux qui privilégient l'apprentissage visuel, il s'agit sans aucun doute d'un très bon outil. Vous pouvez également essayer d'étudier uniquement avec cette méthode, en écrivant la question d'un côté et la réponse de l'autre.

Évidemment, c'est vous qui lisez la réponse et vous pourrez y jeter un coup d'œil. Mais vous pourrez également utiliser l'apprentissage auditif. Il suffira de lire à voix haute aussi bien la question que la réponse.

La méthode communicative, quant à elle, consiste à discuter d'un sujet avec ses amis ou ses camarades de cours. Dans ce cas, les fiches peuvent faire office d'instrument pour vous poser des questions mutuellement. Ainsi, il sera plus facile de mettre en évidence les lacunes et d'améliorer l'apprentissage à l'aide de cette forme d'interrogation. Vous aurez en outre la possibilité d'aborder des points spécifiques et de les rendre plus clairs.

Lorsque vous décidez de vous servir uniquement de la méthode des fiches didactiques, évitez de vous tromper et soyez honnête avec vous, si jamais vous ne connaissez pas une réponse. Aussi, tourner les fiches avant ou pendant une question, c'est de la triche.

Conseil n°17 : Développer une connaissance visuelle (méthode visuelle et kinesthésique)

La méthode visuelle sert à beaucoup d'étudiants. À ce propos, l'affichage de panneaux dans votre chambre peut vous aider dans l'apprentissage, ainsi que la création d'illustrations.

En vous investissant dans la création d'affiches et d'illustrations, vous utiliserez le contenu de ce que vous avez à apprendre et vous bougerez constamment. Le fait même de prendre le crayon et les feutres fait partie de l'apprentissage kinesthésique. Évidemment, si cela vous semble difficile, vous pourrez également élaborer ces supports visuels à l'ordinateur.

L'apprentissage se fait initialement sur le plan kinesthésique et finit par se transférer sur le plan visuel. En voyant constamment les affiches et les illustrations dans votre chambre, vous réussirez facilement à stocker leur contenu dans votre mémoire.

Conseil n°18 : Prêter l'oreille (méthode auditive)

Il s'agit probablement de la meilleure méthode pour découvrir à quel point la méthode d'apprentissage auditive est faite pour vous. Lisez de manière claire le contenu des cours que vous avez précédemment veillé à résumer et enregistrez-vous sur un portable ou sur un autre appareil.

Vous devez maintenant écouter plusieurs fois cet enregistrement. Quand vous faites les courses, dans le train, en vélo, tout simplement partout où vous êtes. Ainsi, vous pourrez écouter sans interruption ce qui est nécessaire à savoir jusqu'à ce que vous l'ayez mémorisé. Toutefois, si vous n'arrivez pas à trop apprendre, évitez d'utiliser uniquement cette méthode.

Conseil n°19 : Le travail de groupe (méthode visuelle, auditive, communicative et parfois kinesthésique)

Le travail de groupe se distingue des autres méthodes car il rassemble des individus dont les modalités d'apprentissage sont différentes. C'est pourquoi les étudiants adorent travailler en groupe, et cela s'avère particulièrement efficace.

Un groupe ne devrait pas être composé de plus de 4 personnes. Une de plus serait déjà trop.

Deuxièmement, vous devriez vous réunir en groupe uniquement lorsque vous avez tous atteint le même niveau de connaissance. Le sens de cette méthode est exactement d'apporter des informations supplémentaires à votre camarade, et vice versa. En effet, certains comprennent mieux un aspect, d'autres un autre encore.

Dans ce contexte, l'apprentissage visuel se met en place lorsqu'un parmi vous montre des images aux autres ou dresse une liste. L'apprentissage auditif se produit lorsque vous discutez ou écoutez une autre personne expliquer. La communication, quant à elle, est omniprésente lorsqu'on pose des questions, on explique, on n'est pas sûr et on discute.

L'apprentissage kinesthésique, au contraire, intervient lorsqu'on essaye de résoudre une tâche ensemble ou que l'on analyse minutieusement une question.

Conseil n°20 : Les expédients mnémoniques

Vous connaissez sûrement des astuces pour faciliter la mémorisation depuis l'école maternelle. Grâce à elles, il est possible de se souvenir même des sujets les plus complexes. Il existe différents types d'expédients mnémoniques. Je vous en fournis deux ci-après.

Mémoriser à l'aide des nombres

Il vous arrivera parfois d'avoir à mémoriser des nombres, tels que la date d'une théorie psychologique ou une formule mathématique. Cette technique mnémonique n'est pas adaptée pour tout le monde, mais elle peut quand même aider à créer des histoires.

Prenez les numéros de 0 à 9 et associez une image à chaque numéro. Voici un exemple pour vous inspirer :

0 : Un étang

1 : Un arbre

2 : Un cygne

3 : Une oreille

4 : Un toit

5 : Un crochet de pirate

6 : Une pelote de ficelle en laine

7 : Un panier de basket (vu de côté)

8 : Un bonhomme de neige

9 : Un réverbère

Maintenant imaginez que vous devez vous souvenir de la théorie de la culture élaborée dans les années 70 par George Gerbner lors d'une étude sur le rôle de la télévision.

Une façon pour mémoriser cette information est la suivante :

George Gerbner était en train de jouer à basketball à proximité d'un arbre (1) à côté d'un réverbère (9), et jeta le ballon non pas dans le panier (7) mais dans l'étang (0), ayant ainsi la sensation de ne pas être un homme très cultivé.

L'important est de structurer ces petites histoires comme il faut et ne pas mélanger l'ordre des nombres. Vous pouvez mémoriser les nombres même en utilisant d'autres symboles, mais le principe reste le même.

Mémoriser à l'aide des mots

Lorsque vous étudiez, il vous arrive souvent de devoir mémoriser également des concepts qui ne trouvent pas de place dans la vie de tous les jours. Avec cette méthode vous pourrez mieux mémoriser de nombreux mots et expressions. Cela peut s'avérer utile aussi pour l'apprentissage des langues étrangères ou lorsque vous suivez des cours universitaires d'anglais ou d'espagnol.

Prenons comme exemple le concept « affirmation probabiliste », ce qui peut être traduit par « probablement » dans la langue de tous les jours. Mais comment faire pour se souvenir de ce concept ?

Évidemment, le mot « affirmation » est clair pour tout le monde. Mais comment faire avec probabiliste ?

Dans ce cas, l'expédient mnémonique vise à décomposer les mots de sorte qu'on puisse les mémoriser plus facilement, en les liant à leur véritable signification.

Au mot « probabiliste » on peut facilement associer le terme anglais « probably » qui signifie « probablement ». Ainsi, vous pourrez associer le concept « affirmation probabiliste » au mot « probablement ».

Conclusion

Je vous remercie d'avoir choisi d'acheter ce guide. Si vous réussissez à mettre en pratique ces 20 conseils, rien ne pourra vous empêcher de terminer vos études avec succès. Je vous souhaite de réussir et de donner le maximum dans votre cursus !

Je voudrais vous présenter un livre que j'ai écrit. Un exemple de lecture pour vous, un échantillon de lecture à la page suivante.

Giuseppe Marino

Étudier efficacement

Extrait

Votre routine matinale parfaite

10 conseils pour commencer le jour en relax et être plus productif pendant la journée et au travail

Per Giuseppe Marino

Établir la route vers le succès à l'aide de la routine matinale parfaite !

Se lever du lit fatigué et endormi après le troisième réveil, boire rapidement un café débout, faire presque un infarctus à l'heure de pointe et arriver au bureau au dernier moment, stressé et mal préparé. Pour beaucoup de personnes, une routine du quotidien.

En observant la journée des gens célèbres et de succès, on peut remarquer une affinité particulière. La plupart d'eux ont développé une routine matinale. Chaque matin ils suivent un planning qui leur donne de la sécurité, du soutien et de la détente pendant des journées souvent stressantes. Une partie du secret de leur succès est la ritualisation de l'action leur permettant de garder l'énergie pendant les heures du matin, pour se focaliser sur l'essentiel et pouvoir l'employer pour des décisions importantes.

Tout en suivant l'exemple des gens de succès, beaucoup d'autres personnes ont découvert le « pouvoir de l'habitude » qui les aide, au matin, à commencer la journée organisés et détendus. Ils ont appris à planifier dès qu'ils se lèvent vers le succès, pour être ainsi plus productifs pendant la journée.

Quant à vous, si vous faites toujours partie des gens stressés, il est temps de faire un changement. Le matin définit le déroulement de toute la journée. Cela signifie que, si vous commencez la journée de manière désorganisée, improductive et stressée, les heures à venir suivront également le même schéma. En fin de journée vous vous sentirez épuisé et malheureux, et vous n'aurez pas eu la chance d'exploiter au maximum vos capacités.

Dans ce manuel vous recevrez une grande quantité de conseils utiles afin d'améliorer cette situation, pour créer votre routine matinale et avoir dès le matin des pensées positives et le calme pour être productif toute la journée.

Ici vous apprendrez quelles sont les routines du matin de nos idoles et comment vous pourrez intégrer une routine matinale dans votre journée. Vous apprendrez à prêter attention à votre routine du matin, quelles sont les activités utiles et comment éviter la frénésie et le stress. Vous recevrez beaucoup d'informations utiles pour structurer les points de votre routine.

Ainsi, à la fin de la lecture vous serez capable d'élaborer votre routine personnelle et devenir plus efficace, heureux et détendu pendant la journée.

Défauts, caprices et idées bizarres – les routines matinales des personnes productives et de succès

Il y a quelques années, un livre particulièrement original a été publié. Il révélait les rituels, les habitudes et les journées types des personnages célèbres. Les stars du cinéma et de la télé, mais aussi les artistes, scientifiques et d'autres personnes de succès nous ont permis de participer à (presque) tous leurs moments les plus intimes et d'avoir une vision sur le déroulement de leur journée. On nous a montré des défauts, des caprices et des idées bizarres, et toute une longue série de particularités telles que fumer des cigarettes une après l'autre et consommer des litres d'alcool et de café.

Parmi ces célébrités, nous trouvons aussi un exemple très pointilleux. Le compositeur Ludwig van Beethoven, par exemple, comptait exactement 60 grains de café pour sa boisson chaude du matin. Son collègue musicien Tchaikowsky, de son côté, s'énervait si sa promenade quotidienne de deux heures était plus courte, ne serait-ce que seulement de 5 minutes.

En plus, il y avait de véritables stakhanovistes comme le compositeur Wolfgang Amadeus Mozart, qui dormait normalement 5 heures maximum à cause de sa journée stressante d'artiste indépendant, ou bien la « dame de fer » Margaret Thatcher, qui ne dormait que 4 heures pour commencer toujours sa journée à 6h.

D'autres laissent également transparaître une discipline de fer dans le déroulement de leur journée. La directrice du magazine Vogue Anna Wintour, connue pour être une femme en carrière très stricte, commence à s'entraîner durement au tennis chaque matin à 6h. Barack Obama, de son côté, dort facilement mais il met également en place son planning de fitness matinal de manière très rigide.

Les visionnaires parmi les célébrités nous dévoilent également leur routine matinale, tout en nous inspirant. Chaque matin, le fondateur d'Apple Steve Jobs, désormais décédé, demandait à son image dans le miroir ce qu'il ferait si c'était son dernier jour de vie. Benjamin Franklin réfléchissait jour après jours, après son réveil, sur les bonnes actions qu'il aurait accomplies.

Beaucoup d'idées bizarres des gens de succès que nous prenons comme exemples nous semblent étranges et ne semblent pas avoir de points en commun. Toutefois, le déroulement structuré de leur journée, et surtout leur routine du matin, a sans aucun doute une influence considérable sur leur créativité et sur la productivité, ce qui est donc une partie importante du secret de leur succès.

Tous ceux qui nous inspirent bénéficient d'un soutien et d'une structure grâce à une routine matinale dans leur vie souvent stressante. Leurs habitudes sont le point d'ancrage leur permettant de planifier la vie doucement et avec confiance. Ils ne dépensent pas leurs énergies en se posant des questions peu importantes. Au contraire, ils minimisent les décisions avec des actions ritualisées en parvenant ainsi à concentrer leurs énergies. Ils réussissent à accomplir des tâches importantes pour eux pendant la routine du matin et commencent leur journée motivés et satisfaits avec eux-mêmes. Ils ont élaboré des stratégies les comblant de pensées positives, tout en les aidant à se focaliser sur ce qui est vraiment important.

Nous le désirons nous aussi, c'est clair ! Toutefois, il ne s'agit pas de copier les actions d'une célébrité dans notre routine matinale, et cela parce que beaucoup de leurs caractéristiques ne sont pas compatibles avec nous et ne fonctionneraient pas.

À travers leur exemple nous apprenons plutôt qu'il est important d'avoir une routine matinale régulière pour être plus efficaces et créatifs. Cela peut nous donner de la confiance et nous aider à ne pas gâcher notre énergie avec des questions inutiles. Tout ce qui se passe dès le moment que nous nous levons jusqu'à quand nous commençons à travailler, donne le rythme à la journée. Nous pouvons déjà être dans un état d'esprit productif mais aussi commencer du début de mauvaise humeur, stressés et désorganisés.

Prenons donc l'exemple des gens de succès pour créer notre rituel matinal et planifier le succès, la productivité et le bonheur !

Le livre complet est disponible sur Amazon

Étudier efficacement

Mentions légales

1ère édition
©DiGi Generation GbR, 2020
Tous droits réservés.

DiGi Generation GbR
Im Ebertswinkel 9
D- 64625 Bensheim
ALLEMAGNE

Représentants légaux :
Dr. Özgür Dagdelen, Torben Gebbert
Courriel : hallo@digigeneration.de

condition qu'il n'y ait pas de négligence grave intentionnelle démontrable de la part de l'auteur. Le contenu de ce livre ne doit pas remplacer une consultation médicale ou des soins médicaux professionnels.

Ce livre fait référence au contenu tiers. L'auteur déclare et confirme explicitement qu'au moment de la création du lien, il n'y a aucun contenu illégal dans les pages dont il existe un lien. L'auteur n'a aucune influence sur le contenu des liens. L'auteur se distancie donc expressément de tout le contenu des pages liées qui ont été modifiées depuis la création du lien. Pour les contenus illégaux, incorrects ou incomplets et notamment pour les dommages causés par l'utilisation ou la non-utilisation des informations représentées, seul l'exploitant de la page vers laquelle on est dirigés est responsable, et non l'auteur de ce livre.

Printed in Great Britain
by Amazon